지킴이(Self-Guard)

호신술 3

김태영 지음

호
신
술

위기상황에서 대처할 수 있는 다양한 자기방어기술

'호신술'은 자신의 신체나 도구를 이용하여 자신을 보호하고 방어하는 기술이다. '호신술'은 특별한 무술이나 특별한 기술이 아니며 누구나 자유롭게 수련가능하고, 모든 위협적인 요소들로부터 스스로를 지키는 자기방어기술이며 위기관리 능력이다.

우리가 살고 있는 사회에는 무차별 '묻지마 폭행'이 만연하고, '흉기 난동' 사건들도 많이 발생하고 있다. 흉기 난동 사건의 범인이 모르는 사람을 떠나서 가족이나 지인이라는 점은 충격이 아닐 수 없다. 사건 사고들은 시간과 장소를 불문하고 발생하며, 범죄나 위기상황에서의 표적은 대부분 여성들이다. 그러므로 호신술에 대한 여성들의 호응과 관심도는 높은 수준이며, 호신술은 일상생활에서 꼭 익혀두어야 할 필수능력이라고 할 수 있다.

따라서 「호신술 3」은 「호신술 1」과 「호신술 2」에 이어 여성들이 범죄나 위기상황으로부터 자신을 지키고 보호하는데 도움을 주고자 집필하였다. 또한 다양한 방어기술 습득과 응용에 도움이 되도록 집필에 심혈을 기울였다. 여대에서 호신술 수업을 하면서 학생들에게 '여성들을 위한 호신술 책을 집필하겠다'고 한 약속과, 수업시간에서 다양한 호신술기들을 익히기에 부족했던 아쉬움을 「호신술 1」, 「호신술 2」, 「호신술 3」에 담게 되어 무엇보다 기쁘다.

이 책이 「호신술 1」, 「호신술 2」와 함께 모든 위기상황에서 스스로 지킴이 (Self-Guard)가 될 수 있는 안내서가 되기를 간절히 기원한다.

끝으로 찾아 뵐 때마다 출판하기까지 많은 격려와 용기를 주신 광평(桃平) 선생님과 30년 간 합기도 스승님이신 김안수 관장님께 마음깊이 머리 숙여 감사드린다.

「호신술 1」과 「호신술 2」에 이어 「호신술 3」 시연에도 소중한 시간을 내어 준 손귀동 사범님과 우즈베키스탄 친구 Yuldashev Dostonbek(율다세프 더스턴벡)에게도 마음깊이 감사하며, 함께 호신술에 대한 열정을 「호신술 1」, 「호신술 2」, 「호신술 3」에 소중하게 담게 되어 행복하다.

그리고 촬영에 도움을 주신 최기원 박사님과 강인혁 관장님 그리고 1권에서 3권까지 출판에 심혈을 기울여 준 도서출판 〈등〉의 유정숙 편집장에게도 감사한 마음을 전한다.

2021년 9월

저자 김태영

Contents

제11장 방검술 12수

제12장 낙법

서문

'호신술'은 자신의 신체나 도구들을 이용하여 자신을 보호하거나 방어하는 기술이다. 일반적으로 '호신술'은 무술의 고수들이 사용하는 특별한 무술이나 기술이라고 생각할 수 있으나, 모든 위협적인 요소들로부터 나를 지키는 자기방어기술이며 위기관리 능력이다.

잘 넘어지는 것도 '호신술'이다. 핸드폰을 사용하면서 길을 걷던 행인이 넘어져서 앞니가 부러지는 부상을 당한 경우도 있다. 저자는 눈 오는 날 양 손에 짐을 들고 넘어진 경험이 있다. 넘어지면서 우산을 든 오른손으로 우측방 낙법을 쳤다. 주변 사람들이 모여들었고 나는 아무렇지 않게 일어났다. 낙법을 모른 채 낙상을 했다면 아마 골절상을 입었을 것이다. 여대에서 호신술 강의를 하던 중 확실한 전달력을 어필하고자, 선 자세에서 앞으로 넘어지는 전방낙법을 시범 보였다. 고난이도의 낙법자세를 시범보인 후, 일주일 동안 기분 좋은 전신근육통을 경험하기도 하였다. 따라서 「호신술 3」에서는 충격이 적은 쪼그리고 앉아서 하는 자세의 '낙법'을 소개한다.

지금 우리 주변에서는 '묻지 마 폭행'은 물론, 흉기로 위협하는 범죄나 사고들이 많이 발생하고 있다. 「호신술 1」을 집필할 때부터 흉기로 공격할 때의 '방검술'을 다룰 것인가'를 고민하였다. '흉기로 공격할 때는 어떻게 할 것인가?' 물음을 던졌을 때, 무술 하시는 분들을 포함한 대부분 사람들의 대답은 "당연히 달아나야지요"였다. 하지만, '도망 갈 수 없는 상황이라면 어떻게 할까?'를 생각하였다. 막기 자세라도 익혀 두었다면, 흉기에 팔을 내어 주는 대신 몸통은 보호할 수 있을 것이다. 지하철에서 조용히 해 달라는 승객의 항의에 볼펜 공격을 하는 사례도 발생하였다. '방검술'은 꼭 흉기가 아니더라도 일상생활에서 우산, 막대기, 볼펜 등의

도구로 인한 공격에 순간 위기를 모면하는데 도움이 될 것이다.

　우리는 법과 질서가 존재하는 사회에 살고 있다. 하지만, 자기방어기술인 '호신술'은 법과 질서에 호소하기에 앞서 위험으로부터 자신을 지키는 필수요소이며, 꼭 익혀두어야 할 필수능력이라고 할 수 있다.

　따라서 이 책은 합기도를 이용한 호신술기 80수를 다루었다.
- 상대방이 나의 손목을 잡았을 때의 손목수 8수
- 상대방이 앞에서 나를 잡았을 때의 앞의복수 13수
- 상대방이 뒤에서 나를 잡았을 때의 뒤의복수 5수
- 상대방이 목을 조를 때 2수
- 상대방이 앞에서 안 손목 잡을 때의 역수 9수
- 상대방이 주먹으로 공격할 때의 방권술 12수
- 상대방이 양 손으로 옷깃을 잡거나, 잡으러 들어올 때의 방투술 6수
- 상대방이 발로 공격할 때의 방족술 13수
- 상대방이 흉기로 공격할 때의 방검술 12수로 구성되었다.

　그리고 낙상 시 신체의 부상방지 및 신체를 위한 안전한 착지방법인 '낙법' 4가지를 다루었다. '낙법'은 숙련정도에 따라 앉아서, 쪼그리고 앉아서, 기마자세에서, 서서하는 단계가 있다. 이 책에서는 쉽게 익힐 수 있는 '쪼그리고 앉아서' 단계의 전방 낙법, 후방 낙법, 좌측방 낙법, 우측방 낙법을 수록하였다.

　또한 호신술기에서 많이 사용되는 기본용어 4 가지는 「호신술 1」, 「호신술 2」와

동일하게 제시하였다. 그리고 「호신술 1」의 75수와 「호신술 2」의 80수, 「호신술 3」의 80수에서 방어 시 사용되는 모든 인체 외부 주요 명칭을 인체도와 함께 제시하여 독자들의 이해를 돕고자 하였다.

저자는 여성들과 소통하고자, 「호신술 3」에서도 직접 여성방어자로 시연하였다. 또한 독자들이 혼자서 습득 가능하도록 호신술기 동작 과정을 세부적으로 나누어 동작사진과 함께 자세한 설명을 배치하였다. 그리고 동작의 연속성과 이해도를 높이기 위해 동작사진에서 보이지 않는 손 모양과 정면모습, 옆모습, 뒷모습을 TIP으로 제시하였다. 또한 동작에 대한 부가설명 및 핵심사항을 TIP으로 제시하여 다양한 방어기술 습득과 응용에 도움을 주고자 집필에 심혈을 기울였다. 실제로 「호신술 2」와 「호신술 3」은 시연하는 과정에서 응용된 호신술기들이 함께 수록되었으며, 여성들이 사용하기 힘든 몇 가지 호신술기들은 제외하였다.

'호신술'은 일상생활의 무예이며 스포츠이다. 그리고 때와 장소를 불문하고 자유롭게 혼자서도 수련 할 수 있는 운동이다. 또한 위기상황에 따라 다양하게 응용가능한 자기방어기술이다.

따라서 독자들이 「호신술 1」, 「호신술 2」, 「호신술 3」을 일상생활에서 익힌다면, 건강은 물론 위기상황에서 대처할 수 있는 다양한 자기방어기술과 위기관리 능력을 함양할 수 있을 것이다.

제1장

호신술의 기본용어

1. 칼 넣기

호신술에서 말하는 '칼'은 척골부위를 말하고, 칼 넣기는 척골이나 팔꿈치로 눌러주는 것을 말한다.

2. 꺾기

손가락, 손목, 발목, 무릎, 팔굽, 어깨관절 등을 비틀거나 구부려 누르거나 제껴서 부러트려 고통을 주는 것을 말한다.

3. 치기

주먹, 손등, 팔꿈치, 수도(손날) 등으로 치는 것을 말한다.

4. 차기

앞꿈치, 뒤꿈치, 족도(발날), 무릎 등으로 차는 것을 말한다.

제2장

인체 외부 주요 명칭

[인체 외부 주요 명칭]

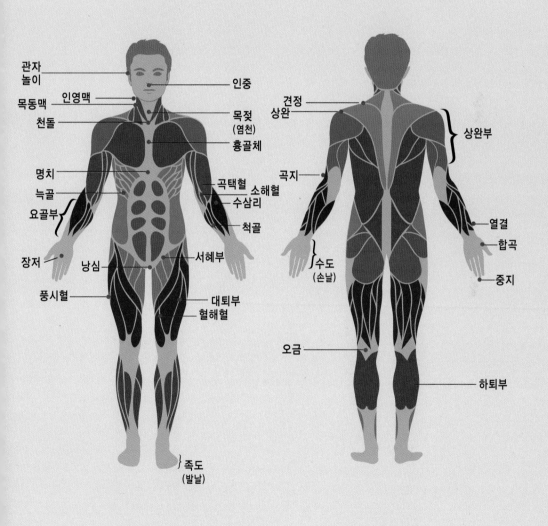

관자놀이

인중

목동맥 인영맥

천돌

명치

늑골

요골부

장저 낭심

풍시혈

인중

목젖
(염천)

흉골체

곡택혈 소해혈

수삼리

척골

서혜부

대퇴부
혈해혈

족도
(발날)

견정
상완

곡지

수도
(손날)

상완부

열결

합곡

중지

오금

하퇴부

전면(前面)

배면(背面)

제3장

손목수 8수

서로 평자세로 선다.

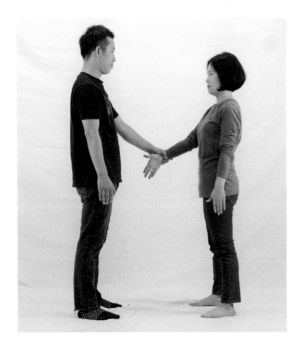

1-1 오른손목 잡혔을 때

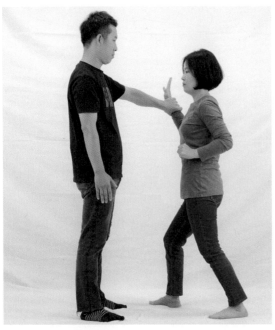

1-2 잡힌 손을 살려 밖으로 틀어 올리며 오른발이 오른쪽으로(상대방 왼발 앞으로) 나가면서,

1-3 왼손 정권(주먹)으로 명치를 친다.

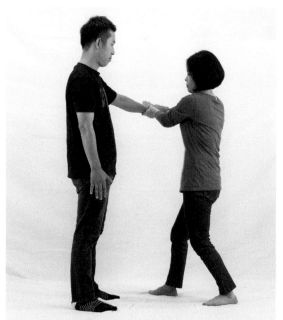

1-4 명치를 친 손으로 상대 방 왼 손목을 잡고,

TIP 이때 나의 엄지가 위 로 가도록 손목을 잡는다.

1-5 자세를 낮추어 왼발이 상대방 왼팔 겨드랑이 사이로 빠져나간다(기마자세).

TIP 잡은 손 정면모습

TIP 잡은 손 측면모습

1-6 이어서 잡힌 오른손을 빼내어,
　　 팔꿈치로 상대방 늑골을 친다.

1-6 옆모습

2-1 오른손목 잡혔을 때

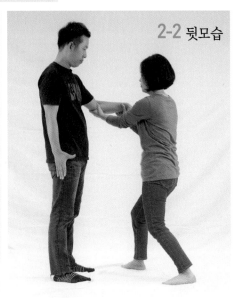

2-2 뒷모습

2-2 오른발이 오른쪽으로 나가면서 왼손 엄지로 상대방 곡택혈을 눌러 잡고, 잡힌 오른손은 엄지와 나머지 손가락을 V자로 만들어 안으로 틀어 손목을 잡는다.

TIP 상대방 손목을 잡을 때, 나의 엄지가 위로 가도록 잡는다.

2-3 이어서 왼발이 상대방 왼발 옆으로 들어가며, 상대방 겨드랑이 밑에서 오른쪽으로 회전한다.

2-4 회전하면서 왼 무릎 꿇어 앉으며 왼손은 상대방 팔꿈치를 잡고, 오른손은 상대방 손을 등 뒤로 들어 올리며 손목을 왼쪽으로 꺾어 누른다.

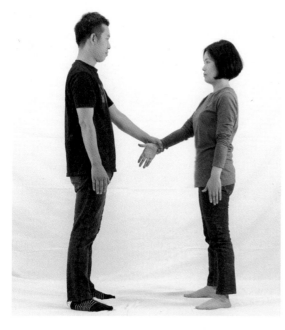

3-1 오른손목 잡혔을 때

3-2 왼발을 왼쪽으로 틀어 전진하며 왼손 엄지가 위로 가도록 상대방 엄지부분을 잡고,

TIP 잡은 손 모습

3-3 잡힌 손을 왼쪽으로 쭉 뻗어서 뺀다.

3-4 이어서 오른손으로 상대방의 수도부분을 맞잡고,

TIP 잡은 손 모습

3-5 오른발이 왼쪽으로(상대방 오른발 옆으로) 들어가며 상대방 겨드랑이 밑에서 왼쪽으로 회전하면서,

3-5 뒷모습

3-6 오른 무릎 꿇어 앉으며 맞잡은
손목을 틀어 꺾는다.

3-6 뒷모습

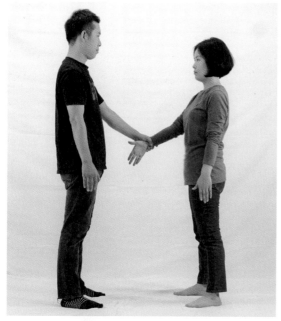

4-1 오른손목 잡혔을 때

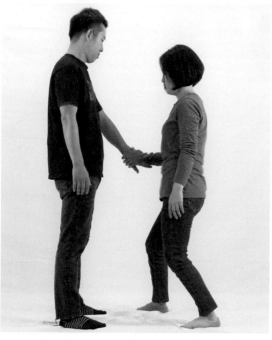

4-2 오른발이 오른쪽으로 (상대방 왼발 앞으로) 나가 면서 잡힌 손을 안으로 틀 어 돌려 상대방의 수도부분 을 잡고,

TIP 나의 엄지가 위로 가 도록 잡는다.

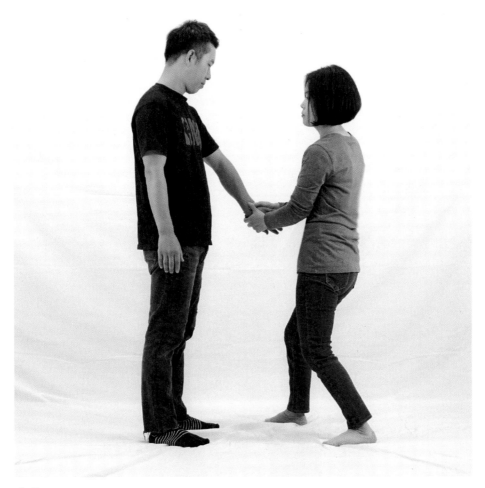

4-3 왼손은 상대방의 엄지부분을 잡는다.

TIP 이때 나의 양 손 엄지가
X자로 겹쳐진다.

4-4 이어서 왼발이 오른쪽으로(상대방 왼발 옆으로) 나가며 상대방 겨드랑이 밑
에서 오른쪽으로 회전하면서,

4-5 왼 무릎 꿇어 앉으며 상대방 손목을 돌려 꺾는다.

4-5 옆모습

5-1 오른손목 잡혔을 때

5-2 자세를 낮추면서 잡힌 오른손을 안으로 틀어 손바닥이 위로 향하게 하고, 왼손은 아래에서 상대방 손등 부분을 잡는다.

5-3 이어서 잡힌 오른손을 빼내어 상대방 손등을 맞잡으면서,

TIP 이때 상대방 손등 쪽에 나의
양 손 엄지가 X자로 된다.

5-4 오른발이 오른쪽으로 나가면서 손등을 눌러 손목을 꺾는다.

5-4 뒷모습

6-1 오른손목 잡혔을 때

6-2 왼손으로 상대방 손목을 잡는 동시에 왼발을 왼쪽으로 틀어 중앙으로 나가면서,

TIP 나의 엄지가 위로 가도록 손목을 잡는다.

6-3 잡힌 손목을 왼쪽으로 쭉 뻗어서 뺀다.

TIP 이때 왼발 꼬아서기 자세가 된다.

6-4 이어서 오른발이 상대방 왼발 뒤로 들어가면서 몸을 낮추며, 잡은 손을 머리 위로 크게 돌려

6-5 상대방의 무게중심을 허리에 싣는다.

6-6 동시에 왼손은 당기고,
오른손은 상대방 오른쪽 다리
를 밀어 올려서 던진다.

(팔 꺾으며 업어 던지기)

7-1 오른손목 잡혔을 때

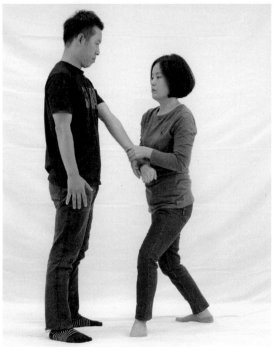

7-2 왼손으로 상대방 손목을 잡는 동시에 왼발을 왼쪽으로 틀어 중앙으로 나가면서

TIP 나의 엄지가 위로 가도록 손목을 잡는다.

7-3 잡힌 손목을 왼쪽으로 쭉 뻗어서 뺀다.

TIP 이때 왼발 꼬아서기 자세가 된다.

7-4 이어서 오른손으로 상대방 팔꿈치를 받쳐 잡는 동시에

7-5 오른발이 왼쪽으로(상대방 오른발 옆으로) 나가며, 잡은 팔을 오른쪽 어깨에 메는 동시에 엉덩이를 뒤로 빼면서,

7-6 자세를 낮추어 잡은 팔을 아래로 잡아 당기면서 업어 던진다.

TIP 이때 무릎 앉아 던지기도 가능하다.

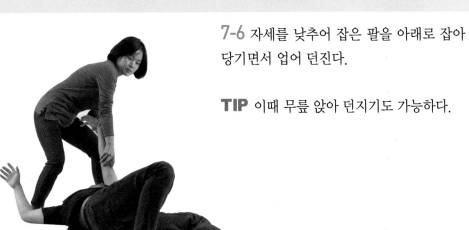

8-1 오른손목 잡혔을 때

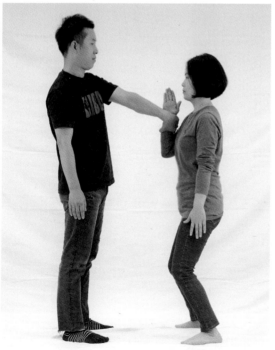

8-2 자세를 낮추면서 잡힌 오른손을 바깥으로 틀어서 나의 가슴 앞으로 당긴다.

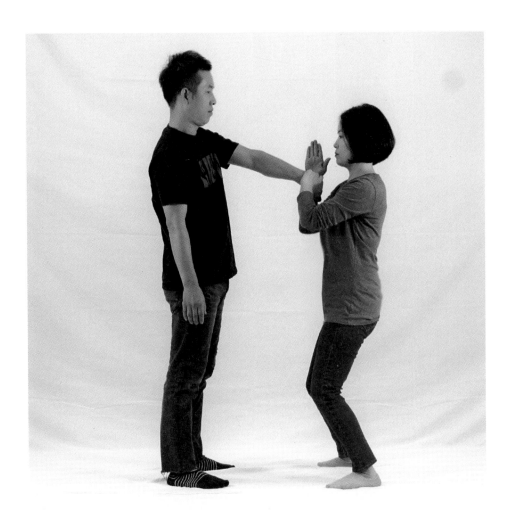

8-3 이어서 왼손 엄지가 상대방 합곡을, 나머지 4손가락은 수도부분을 잡고,

8-4 잡힌 오른손은 상대방 엄지를 밀면서 뺀다.

8-5 동시에 오른발이 왼쪽으로(상대방 오른발 앞으로) 나가면서 상완부에 칼 넣기 한다.

제4장

앞의복수 13수

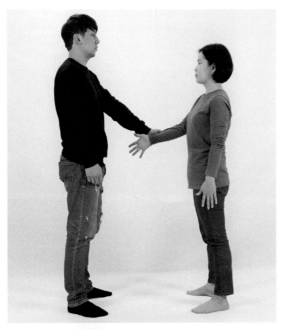

9-1 앞에서 소매 아래 잡혔을 때

9-2 자세를 낮추면서 왼손으로 나의 옷소매와 상대방 손등을 함께 잡는다.

TIP 이때 나의 엄지가 아래로 가도록 잡는다.

9-3 이어서 오른손을 밖으로 틀어 올려 오른발 앞으로 나가면서,

TIP 잡은 손 모습

9-4 나의 오른 손등과 상대방 손등이 맞닿게 하고, 손목을 위로 올렸다가 아래로 틀어 내리며 손목을 눌러 꺾는다.

10-1 앞에서 허리띠 위에서 아래로(손등이 위로) 잡혔을 때

10-2 왼손 엄지가 상대방 손등을 잡고, 오른손 엄지는 아래로 가도록 상대방 손목을 잡아서 치켜 올린다.

TIP 잡은 손 모습

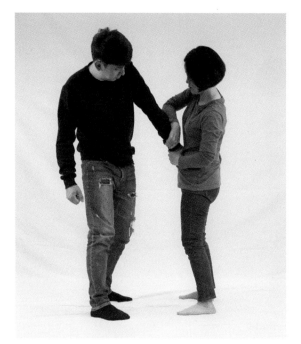

10-3 이어서 상대방 손목을 왼쪽으로 돌려 세우며,

10-4 오른발이 왼쪽으로 나가면서 잡은 손목을 내려 눌러 꺾는다.

TIP 오른손은 누르고 왼손은 올리면서 손목을 내려 눌러 꺾는다.

11-1 앞에서 허리띠 위에서 아래로(손등이 위로) 잡혔을 때

11-2 자세를 낮추면서 상대방 왼팔 아래에서 양 손바닥을 붙인다

11-3 붙인 손을 오른쪽으로 돌리면서 왼 팔굽 안에 상대방의 손목을 끼운다.

11-4 이어서 오른발이 왼쪽으로 나가면서 오른 척골로 상완부에 칼 넣기 한다.

12-1 앞에서 허리띠 아래서 위로(손등이 아래로) 잡혔을 때

12-2 오른손 엄지가 위로 상대방 엄지 안쪽을 잡고, 왼손은 엄지가 아래로 가도록 손목을 잡는다.

TIP 잡은 손 모습

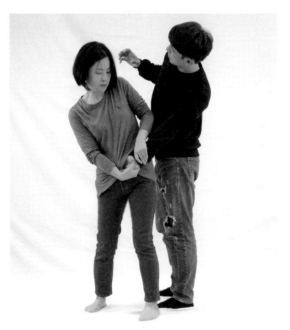

12-3 이어서 왼발이 오른쪽으로(상대방 왼발 앞으로) 나가면서,

12-4 상대방 손등을 나의 왼쪽 골반에 붙여서 허리를 오른쪽으로 틀어주면서 꺾는다.

TIP 잡은 오른손은 올려주고, 왼손은 내리면서 꺾는다.

13-1 앞에서 허리띠 아래서 위로(손등이 아래로) 잡혔을 때

13-2 왼손 엄지가 위로 가도록 상대방 손바닥 쪽을 잡는다.

13-3 동시에 왼발을 뒤로 빼면서,

TIP 칼 넣기 하는 손 모습

13-4 잡은 왼손을 왼쪽으로 틀며 왼 무릎 꿇어 앉으면서, 상대방 열결 부분에 칼 넣기 한다.

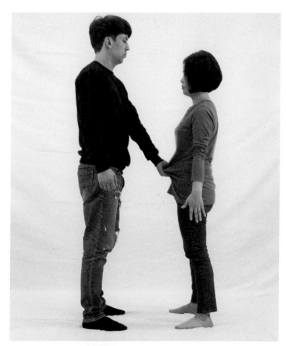

14-1 앞에서 허리띠 아래서 위로(손등이 아래로) 잡혔을 때

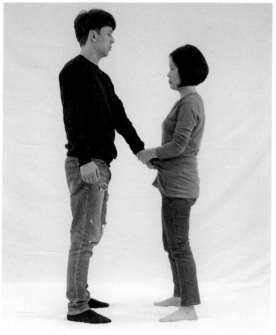

14-2 왼손 엄지가 위로 가도록 상대방 손목을 잡고,

14-3 오른발이 왼쪽으로 나가면서 오른손은 상대방 상완 아래에서 팔을 돌려 오른쪽 옷깃을 잡는다.

14-4 이어서 나의 손목과 팔꿈치 사이로 상대방 팔굽을 눌러 꺾는다.

15-1 앞에서 팔 안으로 껴
안았을 때

15-2 왼손은 상대방의 허
리(뒤)를 잡고,

15-2 뒷모습

TIP 모지
(엄지가 튀어 나오게 주먹)

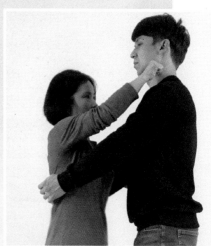

TIP 모지로 목 동맥 누르는 모습

15-3 오른손 모지(엄지가 튀어나오게 주먹)로 상대방의 목 동맥을 왼쪽으로 누른다.

TIP 모지로 누르는 대신에 중지권(꿀밤 줄 때의 주먹 쥔 손모양)으로 쳐도 된다.

TIP 상대방과의 거리에 따라서 오른발이 나가면서 목 동맥을 눌러도 된다.

TIP 엄지로 인영맥을 눌러도 된다.

(턱으로 가슴 찍어 누르기)

16-1 앞에서 팔 밖으로 껴 안았을 때

16-2 양 손으로 상대방의 허리를 안으면서,

16-3 턱으로 상대방 가슴을 찍어 누른다.

TIP 이때 상대방과의 거리에 따라 오른발이 나가도 된다.

(무릎으로 낭심 차기)

17-1 앞에서 팔 밖으로 껴안았을 때

17-2 상대방의 양 허리를 잡고,

TIP 상황에 따라 양 허리를 잡거나 안는다.

17-3 오른 무릎으로 낭심을 찬다.

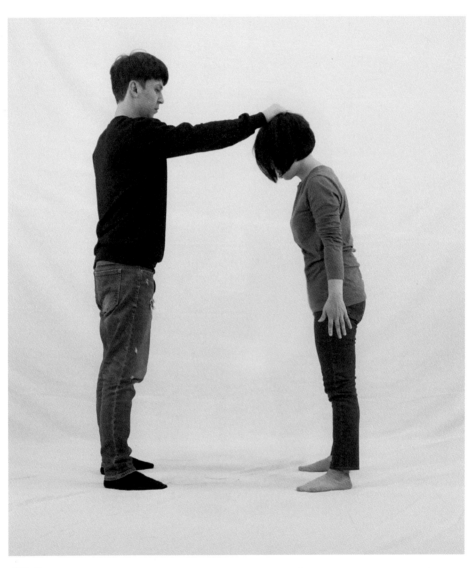

18-1 앞에서 상대방 오른손으로 머리(채) 잡혔을 때

18-2 왼발 전진하면서 왼손 관수(손끝)로 상대방의 겨드랑이를 찌른다.

TIP 이때 중지를 약간 구부려서 검지, 중지, 약지의 끝이 일치되게 해야 가장 긴 중지가 다치지 않는다.

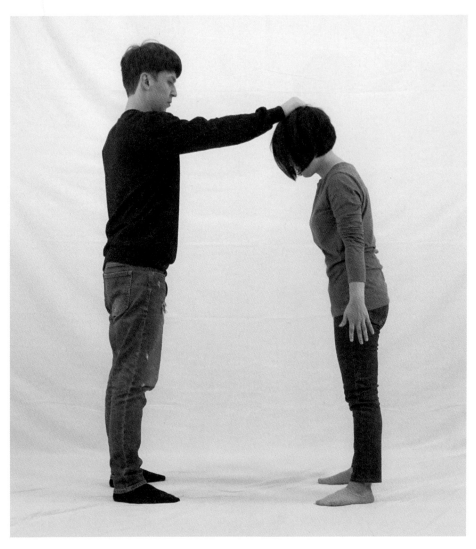

19-1 앞에서 상대방 오른손으로 머리(채) 잡혔을 때

19-2 왼발 전진하면서 왼손 중지권(꿀밤 줄 때의 주먹 쥔 손모양)으로 상대방의 늑골을 친다.

TIP 중지권으로 칠 때, 엄지가 위로 가도록 해야 손목꺾임을 방지할 수 있다.

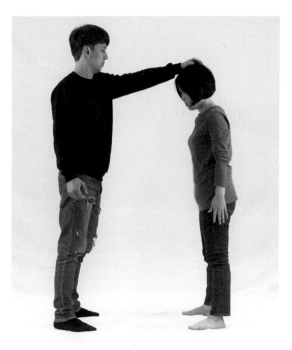

20-1 앞에서 상대방 왼손으로 머리(채) 잡혔을 때

20-2 머리(채)를 잡은 상대방의 손등을 양 손으로 포개어 잡고,

TIP 양 손으로 포개어 잡은 손 모습

20-3 오른발 전진하면서 머리를 왼쪽 45° 방향으로 틀면서 손목을 꺾어 누른다.

TIP 머리를 잡은 상대방 손의 엄지방향으로 손목을 꺾어 누른다.
아래방향 또는 엄지 반대방향으로 꺾어 누르면 아프지가 않다.

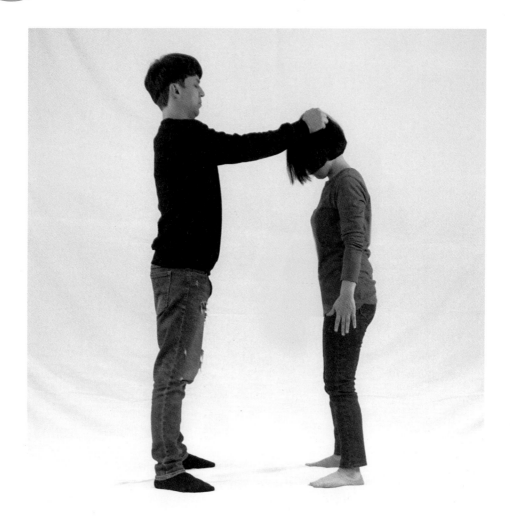

21-1 앞에서 양 손으로 머리(채) 잡혔을 때

21-2 오른발 전진하면서 양 손 관수(손끝)로 상대방의 양 겨드랑이를 찌른다.

TIP 이때 중지를 약간 구부려서 검지, 중지, 약지의 끝이 일치되게 해야 가장 긴 중지가 다치지 않는다.

제5장

뒤의복수 5수

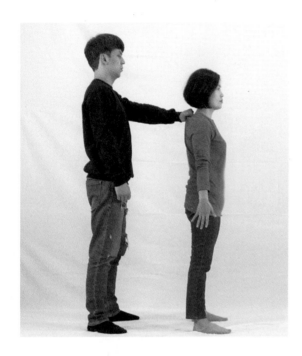

22-1 뒤에서 뒷덜미 잡았
을 때

22-2 오른발을 뒤로 빼면
서,

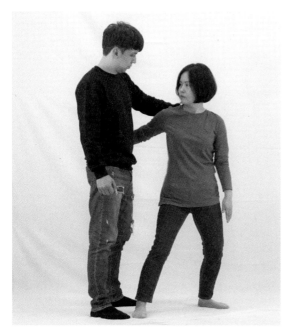

22-3 오른손으로 상대방 허리를 잡는다.

22-4 이어서 왼손은 상대방 오른 손목을 잡고,

22-5 왼발이 뒤로 빠지는 동시에 엉덩이를 오른쪽으로 깊게 빼고,

22-6 양 손을 모두 당기면서

22-7 상대방을 던진다.

TIP 허리치기 한다.

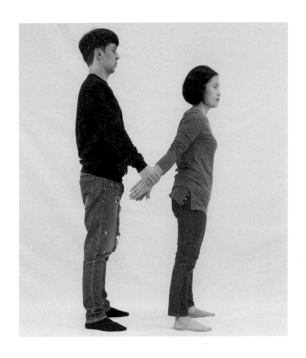

23-1 뒤에서 양 손목 잡혔을 때

23-2 자세를 낮추어 왼발을 왼쪽으로 약간 벌리면서 양 손을 단전호흡 하듯이 앞쪽으로 45° 들어올리면서,

23-3 오른손으로 상대방 왼 손목을
잡는다.

TIP 잡은 손 모습

23-4 이어서 왼손을 빼내어 왼 팔꿈
치로 상대방 왼쪽 늑골을 치고,

23-4 뒷모습

23-5 왼손으로 상대방 왼손을 함께 잡아 오른쪽 머리 위로 넘긴다.

23-6 동시에 잡은 손을 아래로 내리면서

23-7 오른발로 상대방 왼쪽 다리를 걸어 넘긴다.

TIP 뒤꿈치 빗겨 차올리기 한다.

23-7 뒷모습

24 뒤에서 양 팔 안으로 껴안았을 때

(손목 꺾어 올리기)

24-1 뒤에서 양 팔 안으로 껴안았을 때

24-2 오른 손바닥으로 상대방 왼
손목이 구부려지도록 왼쪽으로
손등을 밀면서 잡고,

TIP 잡은 손 모습

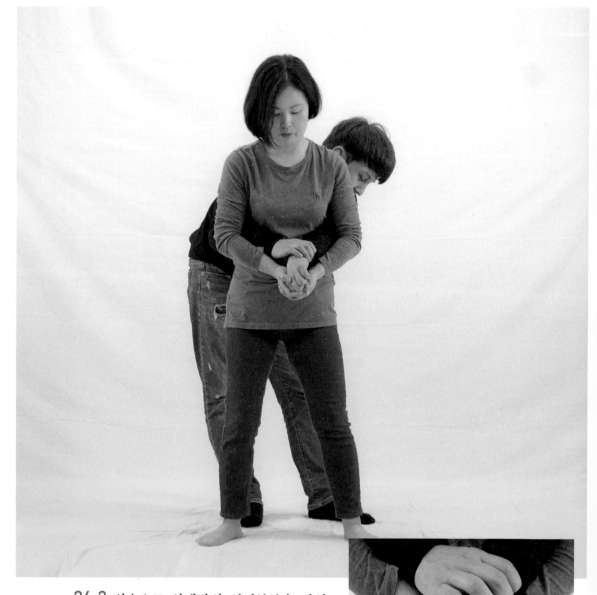

24-3 왼손으로 상대방의 엄지부분을 받쳐
잡는다.

TIP 잡은 손 모습

24-4 이어서 자세를 낮추면서(기마자세) 상대방 손목을 나의 앞쪽으로 잡아당기며 손목을 꺾어 올린다.

25 뒤에서 팔 깍지 껴안았을 때

(양 무릎으로 손가락 꺾기)

25-1 뒤에서 팔 깍지 껴안 았을 때

25-2 기마자세 하면서 양 손 엄지로 상대방 합곡을 눌러 잡아,

TIP 양 손 엄지로 합곡을 눌러 잡은 모습

25-3 나의 대퇴부 안쪽으로 내리고,

25-4 양 무릎을 안쪽으로 세게 오므려 상대방의 손가락을 꺾는다.

26-1 뒤에서 목 깍지 껴안았을 때

26-1 정면모습

26-2 자세를 낮추며(허리 숙여) 오른손으로 상대방 오른 중지를 옆으로 돌려 비틀어 뺀다.

TIP 중지 돌려 비틀어 빼는 모습

26-3 이어서 오른손은 빼 어낸 중지를 잡고,

26-4 왼손은 상대방 오른 손목을 잡으면서,

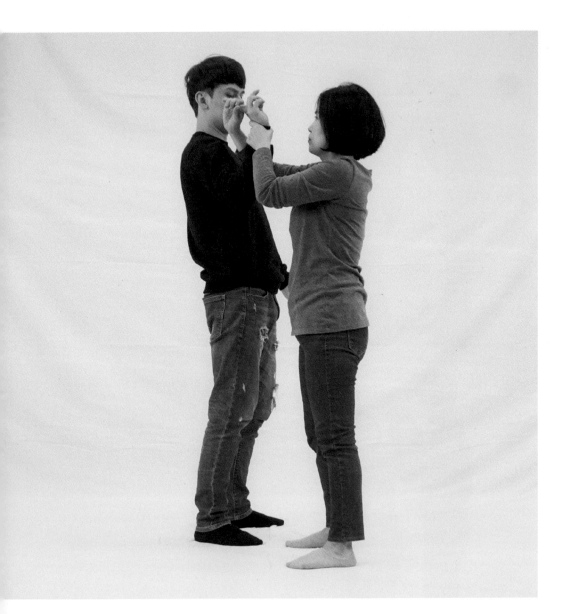

26-5 왼발이 오른쪽으로 돌아 상대방과 마주보고,

26-6 잡은 중지를 뒤로 꺾어 넘긴다.

TIP 중지 꺾는 모습

제 6 장

목
조
를
때
2
수

(주먹으로 낭심치기)

27-1 옆에서 머리를 팔굽 안에 넣고 조일 때

27-2 오른손 주먹으로 상대방의 낭심을 친다

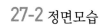

27-2 정면모습

28 앞에서 양 손으로 목을 눌러 조를 때

(명치치고 겨드랑이 꺾기)

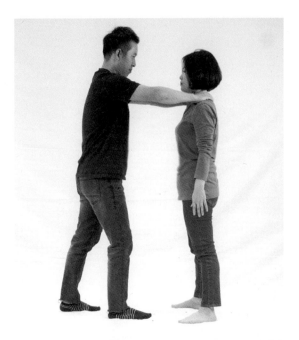

28-1 앞에서 양 손으로 목을 눌러 조를 때

28-2 목을 왼쪽으로 돌리고,

TIP 목을 왼쪽으로 돌리면 기도가 확보될 수 있다.

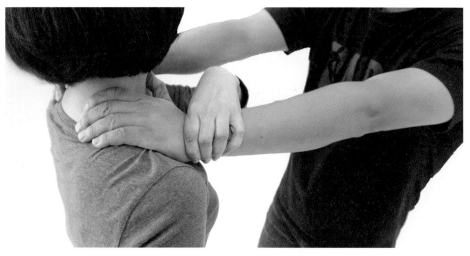

28-3 왼손으로 상대방 왼 손등을 엄지가 아래로 가도록 잡으면서,

28-4 오른 각권(주먹)으로 상대방의 명치를 친다.

28-5 이어서 명치를 친 손으로 상대방 왼 손목을 함께 잡고,

28-6 오른발 나가면서 겨드랑이 꺾기를 한다.

TIP 상대방 손목을 90°로 꺾어서 겨드랑이로 상대방 팔굽을 누른다.
이때, 나의 몸을 오른쪽으로 틀어주면 상대방은 더 고통을 느낀다.

제7장

역수

9수

(중지권으로 늑골치기)

29-1 안 손목 한 손 잡혔을
때

29-2 자세를 낮추면서 잡
힌 오른손을 밖으로 틀(들)
어 올리고,

29-3 왼발 전진하면서 왼손 중지권(꿀밤 줄 때의 주먹 쥔 손모양)으로 상대방 오른쪽 늑골을 친다.

TIP 중지권으로 칠 때, 엄지가 위로 가도록 해야 손목꺾임을 방지할 수 있다.

30 안 손목 한 손 잡혔을 때 꺾기 1

(손목 밀어 눌러 꺾기 1)

30-1 안 손목 한 손 잡혔을 때

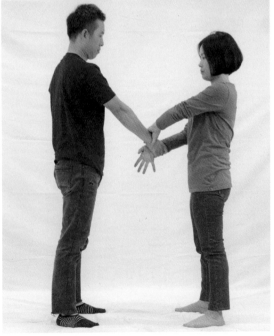

30-2 왼손으로 상대방 오른 손등을 잡고,

TIP 이때 나의 엄지가 아래로 가도록 잡는다.

30-3 잡힌 오른손을 살려서 위로 뺀다.

30-4 동시에 빼낸 오른손 척골부로 상대방
오른 수도부분을 밀어 누르면서,

TIP 밀어 누르는 손 모습

30-5 오른발이 왼쪽으로 나가면서 상대방
오른발 바깥쪽으로 손목을 꺾어 내린다.

TIP 손목 꺾어 내리는 손 모습

(손목 밀어 눌러 꺾기 2)

31-1 안 손목 한 손 잡혔을
때

31-2 왼손으로 상대방 오
른 손등을 잡고,

TIP 이때 나의 엄지가 아
래로 가도록 잡는다.

31-3 잡힌 오른손을 살려서 위로 뺀다.

31-4 동시에 오른발이 왼쪽으로 나가며 빼낸 오른손으로 상대방 오른 수도부분을 뒤에서 잡아 밀어 누르면서,

TIP 잡아 밀어 누르는 손 모습

31-5 손목을 상대방 오른발
바깥쪽으로 꺾어 내린다.

TIP 꺾어 내리는 손 모습

안 손목 한 손 잡혔을 때 꺾기 3

(회전하며 등 뒤 손목 꺾기)

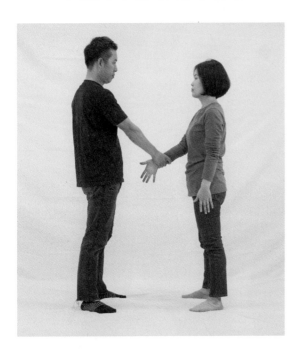

32-1 안 손목 한 손 잡혔을 때

32-2 상대방 손목을 맞잡고 오른발이 왼쪽으로 나간다.

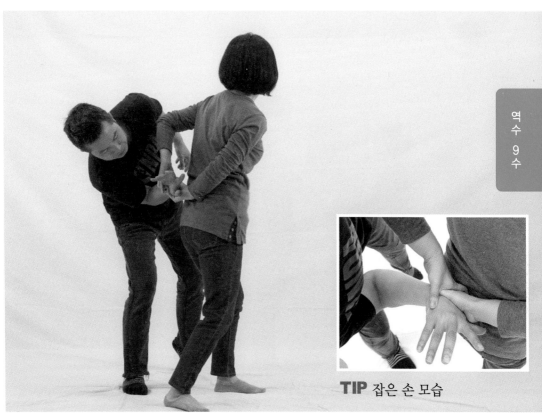

TIP 잡은 손 모습

32-3 이어서 왼발이 나의 오른발 뒤로 회전하면서 등 뒤에서 왼손 엄지로 상대방 손등을 잡아,

32-4 회전하면서 잡은 손을 나의 왼쪽 등허리에 붙이면서 손목을 꺾는다.

33-1 안 손목 한 손 잡혔을 때

33-2 상대방 손목을 맞잡고

33-3 왼발 전진하면서

33-4 왼팔(손)이 상대방 오른팔 위에서 아래로 상완부분을 감싸 잡고,

TIP 이때 나의 요골부분이 상대방의 상완 뒤로 가야 한다.

33-5 오른발이 오른쪽으로 회전하면서 오른손은 내리고, 상완부분을 감싸 잡은
왼팔(손)은 올리며 상대방 팔을 꺾는다.

33-5 정면모습

34-1 안 손목 한 손 잡혔을 때

34-2 상대방 손목을 맞잡고 오른발을 오른쪽으로 틀어 전진하면서

34-3 왼손으로 상대방 허리를 잡는다.

34-4 동시에 왼발이 오른쪽으로(상대방 왼발 옆으로) 나가면서 엉덩이를 왼쪽 옆으로 쭉 밀어 넣어

34-5 오른손은 내려 당기고, 허리를 잡은 왼손은 올리면서 상대방을 던진다.

TIP 허리치기 한다.

35-1 안 손목 한 손 잡혔을 때

35-2 상대방 손목을 맞잡으면서 왼발이 왼쪽 옆으로 빠진다.

35-3 이어서 오른 발등으로 상대방 가슴을 차고,

35-4 다시 발을 돌려서 뒤꿈치로 등을 차 내린다

35-4 뒷모습

36-1 앞에서 양 손 잡혔을 때

TIP 양 손 잡힌 모습

36-2 자세를 낮추어 왼발을 왼쪽으로 틀어 전진하면서 왼손으로 상대방 왼 손목을 잡고,

36-3 오른손을 왼쪽으로 쭉 뻗어서 빼다.

36-4 동시에 빼낸 오른손으로 상대방 왼팔 아래에서 상대방 오른 손목을

TIP 잡은 손 모습

36-5 툭 치면서 잡아,

36-6 양 팔을 꽈배기 꼬듯
이 꼬아서,

36-7 오른발이 왼쪽으로 나가면서 상대방
팔 요골부로 상대방 상완에 칼 넣기 한다.

36-7 뒷모습

37-1 앞에서 한 손목 두 손 잡혔을 때

37-2 자세를 낮추며 잡힌 오른손을 완전히 세워서,

TIP 이때 상대방 손목이 틀어진다.

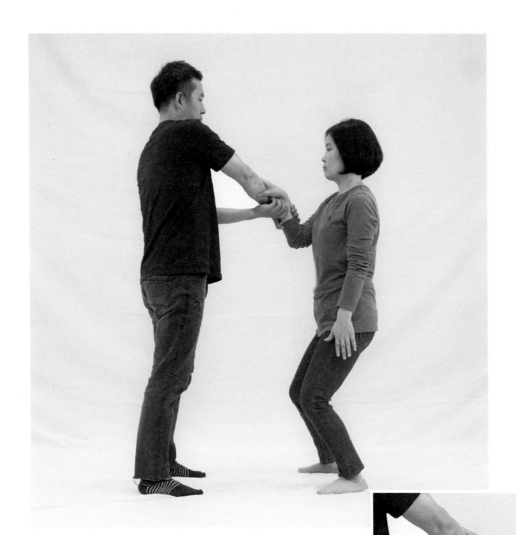

37-3 손목을 오른쪽으로 돌려 상대방
오른 손목을 잡는다.

TIP 잡은 손 모습

37-4 동시에 왼손 장저(손바닥)로 상대방 오른 팔굽을 받쳐 올리며,

37-5 왼발이 오른쪽으로(상대방 왼발 앞으로)
나가면서 팔굽을 내려 눌러 꺾는다.

37-5 뒷모습

TIP 상대방 팔굽이 굽혀지지 않으면, 왼손 장저(손바닥)로 받쳐 올리기 힘들다.
따라서 상대방 팔굽이 굽혀지지 않을 때에는 잡은 손목을 오른쪽으로 당기면서,
왼손 장저로 팔굽 관절부분을 내려 누르기도 가능하다.

제8장

방권술 12수

38 주먹으로 공격할 때 막기 1

※ 주먹으로 공격할 때의 자세

공격자는 좌(左)자세, 방어자는 우(右)자세를 취한다. 38~49수에 해당한다.

38-1 왼발 나가면서 오른손 아래로 막는다.

39-1 오른발 나가면서 왼손 아래로 막는다.

40-1 오른발을 살짝 끌어당겨 왼발 옆이나 앞쪽에 두면서, 주먹 쥐고 양 손 X자로(오른손은 위, 왼손은 아래로) 잡아 가슴에 붙인다.

TIP 1 이때 X자 된 나의 주먹을 살짝 옆으로 틀어주어야 상대방 주먹이 나의 가슴에 가격되는 것을 방지할 수 있다.

TIP 2 X자로 막을 때 손가락 부상위험을 방지하기 위해서는 반드시 주먹을 쥐고 막아야 한다.

TIP 3 상대방 손목을 막아 잡을 때에는 되도록 자기 몸하고 주먹하나 사이를 유지해야 한다.

41-1 왼발이 왼쪽으로 나가면서 왼손 장저(손바닥) 또는 왼손 척골부로 안쪽으로 막고,

41-2 동시에 오른손 관수(손끝)로 상대방 겨드랑이를 찌르거나 친다.

TIP 이때 중지를 약간 구부려서 검지, 중지, 약지의 끝이 일치되게 해야 가장 긴
중지가 다치지 않는다.

(팔꿈치로 늑골치고 얼굴치기)

42-1 오른발 전진하면서 오른 척골부로 안으로 막고,

42-2 오른 팔꿈치로 상대방 오른 늑골을 친다.

42-3 이어서 왼발이 왼쪽 바깥으로 돌면서
왼쪽 팔꿈치로 상대방 얼굴을 친다.

42-3 뒷모습

(상완으로 팔굽 관절 치기)

43-1 오른발을 약간 뒤로 빼면서 양 손 X자로(오른손은 위, 왼손은 아래로) 막고,

43-2 오른손은 상대방 손목을 잡고, 왼손은 상대방 주먹(손등)을 잡는다.

43-3 이어서 왼발이 나와 상대방 오른발 사이로 나가면서, 상완으로 상대방 팔굽 관절을 치면서 당긴다.

TIP 당기지 않고 치기만 하면, 상대방이 힘을 쓸 경우에 내가 끌려 갈 수가 있다.

44-1 오른발을 약간 뒤로 빼면서 양 손 X자로(오른손은 위, 왼손은 아래로) 잡는다.

44-2 왼손을 왼쪽으로 돌려서 왼손 엄지가 아래로 가도록 상대방 손목을 잡고,

44-3 오른발 전진하면서 오른 척골부로 상완 뒷부분에 칼 넣기 한다.

45-1 왼발이 왼쪽으로 나 가면서 오른손으로 상대방 바깥 손목을 잡고,

45-2 왼손 중지로 곡택혈 을 눌러 당긴다.

TIP 왼손 중지로 곡택혈을 눌러 당기는 모습

45-3 이어서 왼손 중지는 곡택혈을 누르고, 오른손은 상대방 팔(손목)을 잡아 내린 상태에서

45-4 상대방 가슴 쪽으로 잡은 팔(손목)을 밀어 올리면서,

TIP 상대방의 팔 힘이 살아 있기 때문에 잡은 팔을 내린 상태에서 상대방 가슴 쪽으로 밀어 올려야 꺾인다.

45-5 오른발로 상대방 오른쪽
오금을 눌러 꺾어 넘긴다.

45-5 뒷모습

46-1 오른발 전진하면서 왼손으로 상대방 안 손목을 잡는다.

46-2 이어서 상대방 상완을 나의 오른 팔굽 안에 끼워 꺾고,

46-3 왼발이 왼쪽 바깥으로 돌아서면서,

46-4 엉덩이를 상대방 쪽으로 밀면서 던진다.

(팔 어깨 메고 업어치기)

47-1 오른발 전진하면서 왼손으로 상대방 안 손목을 밖으로 막아 잡고,

47-2 상대방 손목을 오른 손에 바꿔 잡으면서

47-3 왼손으로 팔꿈치를 받쳐 잡는다.

TIP 나의 엄지가 위로 가도록 팔꿈치를 받쳐 잡는다.

47-4 동시에 왼발이 나의 오른발과 상대방 왼발 사이로 들어가 돌면서,

47-5 잡은 팔을 왼쪽 어깨에 메고 전면으로
업어치기 한다.

48-1 오른발이 뒤로 빠지면서 왼손으로 상대방 안 손목을 밖으로 막아 잡고,

48-2 잡은 손목을 잡아당기면서 오른발로 상대방 오른쪽 안다리를 찬다.

49-1 오른발 전진하면서 왼손으로 상대방 안 손목을 밖으로 막아 잡고,

49-2 왼발 나가며 오른손으로 상대방 오른 뒷덜미를 잡아당기면서,

49-3 상대방 명치를 무릎 차올리기 한다.

TIP 복부나 낭심을 무릎 차올리기 해도 된다.

복부 무릎 차올리기

낭심 무릎 차올리기

제9장

방투술 6수

50 양 손으로 옷깃을 잡으러 들어올 때 1

(오른팔 끼워 꺾으며 던지기)

50-1 양 손으로 옷깃을 잡으러 들어올 때

50-2 오른발 전진하면서 양 팔로 헤쳐(양 팔을 X자에서 양쪽 바깥쪽으로) 막는다.

50-3 이어서 왼손으로 상
대방 오른 안 손목을 잡고,

50-4 오른 팔굽 안에 상대
방 오른팔을 끼우고,

50-5 왼발이 왼쪽으로 돌아서면서

50-6 오른 팔굽 안에 상대방
오른팔을 끼워 꺾으며 던진다.

뒷모습

51 양 손으로 옷깃을 잡으러 들어올 때 2

(뒤꿈치 비켜 차올리기)

51-1 양 손으로 옷깃을 잡으러 들어올 때

51-2 오른발 전진하면서 양 손으로 헤쳐(양 팔을 X자에서 양쪽 바깥쪽으로) 막는다.

51-3 막은 후 왼손으로 상
대방 오른 손목을 잡아당기
고,

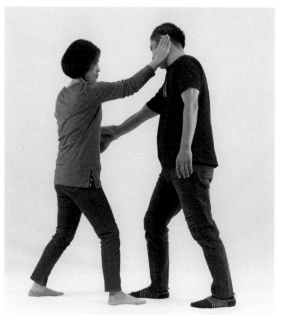

51-4 오른 장저(손바닥)로
상대방 왼쪽 얼굴을 밀며,

51-5 왼발이 왼쪽 뒤로 돌아서면서

51-6 오른발 뒤꿈치로 상대방
왼발을 걷어내면서 던진다.

TIP 뒤꿈치 비켜 차올리기 한다.

52-1 양 손으로 잡혔을 때

52-2 양 손 중지로 상대방 소해혈(팔꿈치 안쪽)를 눌러 잡아서

TIP 소해혈 눌러 잡은 손 모습

52-3 벌린다.

52-4 이어서 오른발이 상대방 오른발 앞으로 가면서 오른 팔꿈치로 상대방 턱을 치듯이 아래에서 위로 올리고,

52-5 왼발이 왼쪽 뒤로 돌면서 그대로 소매/옷깃을 잡고 던진다.

TIP 상대방이 긴 소매 옷을 입었을 경우는 소매나 옷깃을 잡고 던지게 된다.

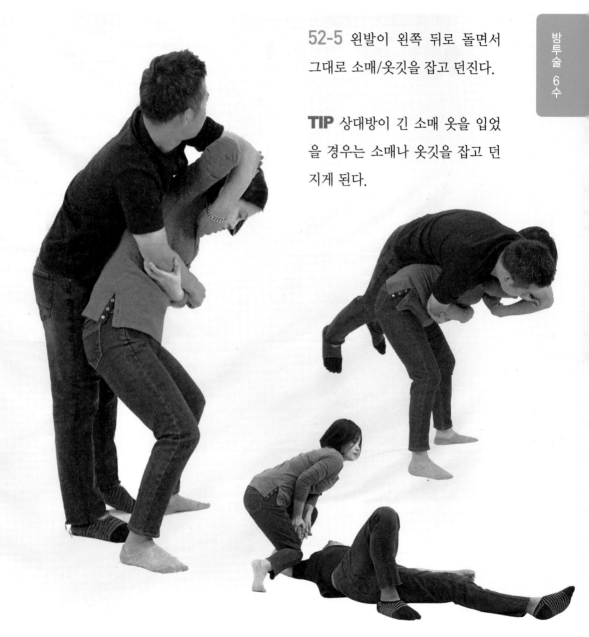

53-1 양 손으로 잡혔을 때

53-2 오른손 엄지가 아래
로 가도록 상대방 왼 손목
을 잡고,

53-3 오른발 틀어 전진하며 왼 척골부로 상대방 오른손 열결 부분을 쳐 내린다.

53-4 이어서 왼발이 상대방 양 발 사이로 깊숙이 들어가면서,

53-5 잡은 손을 머리 위로 넘기면서 상대방을 허리에 싣고,

53-6 왼손으로 상대방 왼 발목을
잡아들어 던진다.

(중지권으로 늑골치기)

54-1 양 손으로 멱살/옷깃 잡고 던지려 할 때

54-2 뒷모습

54-2 왼발로 상대방 왼쪽 대퇴부를 뒤에서 걸고,

54-3 왼손 장저(손바닥)로
상대방 얼굴을 밀면서,

54-4 뒷모습

54-4 오른 중지권(꿀밤 줄 때의 주먹 쥔 손모양)으로 늑골을 친다.

TIP 중지권으로 칠 때, 엄지가 위로 가도록 해야 손목꺾임을 방지할 수 있다.

양 손으로 멱살/옷깃 잡고 던지려 할 때 2

(오금 눌러 넘기기)

55-1 양 손으로 멱살/옷깃 잡고 던지려 할 때

55-2 왼발을 뒤로 빼고 왼 손으로 상대방 왼쪽 견정을 눌러 내리면서,

TIP 견정 누르는 모습

55-3 오른손 엄지로 상대방 오른 오금을 눌러 넘긴다.

제10장

방
족
술

13
수

발로 공격할 때의 자세

공격자는 좌(左) 자세, 방어자는 우(右) 자세를 취한다.
56~68수에 해당한다.

발차기 공격시 양 팔로 (왼팔은 위, 오른팔은 아래로) 막기 자세

발차기 공격시 양 팔로(왼팔은 위, 오른팔은 아래로) 상대방 대퇴부 아래쪽 또는
하퇴부를 막는다. 56, 61, 62, 67수의 막기 자세에 해당한다.

측면자세

정면자세

발차기 공격시 양 팔로 (오른팔은 위, 왼팔은 아래로) 막기 자세

발차기 공격시 양 팔로(오른팔은 위, 왼팔은 아래로) 상대방 대퇴부 아래쪽 또는 하퇴부를 막는다. 59, 60, 63, 64, 65, 66, 68수의 막기 자세에 해당한다.

측면자세

정면자세

56-1 왼발이 왼쪽으로 나가면서 양 팔로(왼팔은 위, 오른팔은 아래로) 상대방 대퇴부 아래쪽을 막고,

56-2 오른 팔꿈치로 상대방의 대퇴부를 친다.

57-1 왼발이 왼쪽으로 나가면서 상대방 오금부분을 오른 팔굽에 끼워 잡고,

57-2 왼손으로 혈해혈(무릎안쪽)을 잡아당기며

57-3 오른손으로 나의 왼
손등을 겹쳐 잡고,

57-4 왼발을 왼쪽 뒤로 빼
면서 무릎꺾기 한다.

58-1 오른발을 약간 뒤로 빼면서 양 손 X자로(오른손은 위, 왼손은 아래로) 막으면서,

58-2 오른손은 뒤꿈치를, 왼손은 발등 끝부분을 잡는다.

58-3 동시에 오른발 뒤꿈치 안으로 대퇴부를 차서,

58-4 그대로 주저앉혀 꺾기 한다.

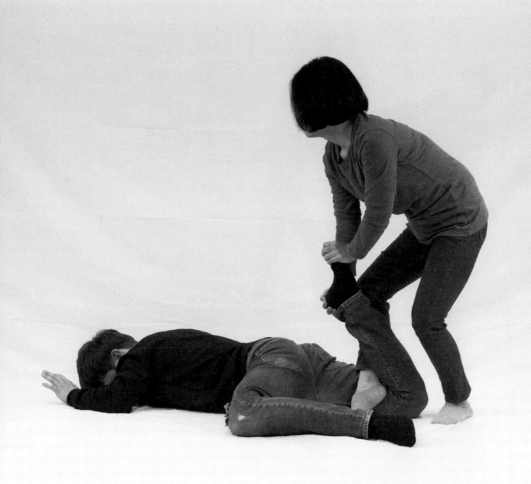

(오금 차 돌려 걸어 던지기)

59-1 오른발이 오른쪽으로 나가면서 양 팔로(오른팔은 위, 왼팔은 아래로) 대퇴부 아래쪽을 막고,

59-2 상대방 오금부분을 왼 팔굽에 끼워 잡는다.

59-3 이어서 왼발이 왼쪽
으로 나가면서 오른손으로
상대방 오른쪽 어깨를 잡아
당기는 동시에,

59-4 오른발로 상대방 오
금을 차 돌려 걸어 던진다.

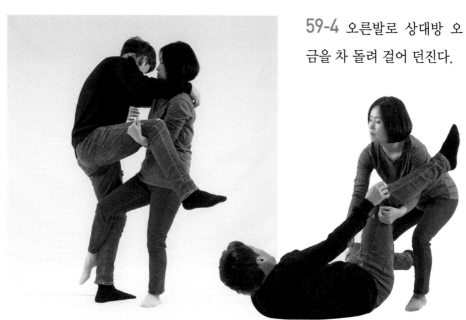

(뒤꿈치 차 돌려 걸어 던지기)

60-1 오른발이 오른쪽으로 나가면서 양 팔로(오른팔은 위, 왼팔은 아래로) 대퇴부 아래쪽을 막고,

60-2 상대방 오금부분을 왼 팔굽에 끼워 잡는다.

60-3 이어서 오른손으로 상대방 왼쪽 허리 또는 겨드랑이를 안아 잡고,

60-4 왼발이 뒤로 돌면서,

60-5 옆모습

60-5 오른발로 상대방 왼발 뒤꿈치를
차 돌려 걸어 던진다.

(뒤꿈치로 대퇴부 차 내리기)

61-1 왼발이 왼쪽으로 나가면서 양 팔로(왼팔은 위, 오른팔은 아래로) 하퇴부를 막으면서,

61-2 오른발 뒤꿈치로 상대방 대퇴부를 차 내린다.

(뒤꿈치로 등 차돌리기)

62-1 왼발이 왼쪽으로 나가면서 양 팔로(왼팔은 위, 오른팔은 아래로) 하퇴부를 막으면서,

62-2 오른발 뒤꿈치로 상대방 등을 차돌리기 한다.

63-1 오른발 전진하면서 양 팔로(오른팔은 위, 왼팔은 아래로) 하퇴부를 막는다.

63-2 이어서 왼 팔굽에 상대방 하퇴부를 끼워 잡고,

63-3 오른손은 오금을 잡은 후 양 손을 겹쳐 잡는다.

TIP 이때 상대방 발목이 나의 왼쪽 상완에 걸쳐진다. 그리고 왼손이 위로 가도록 양 손을 겹쳐 잡는다.

63-4 동시에 왼발이 나가며 오른쪽으로 틀어서 누르고, 오른발이 뒤로 빠지면서 상대방 무릎을 당기며 꺾어 누른다.

TIP 꺾어 누를 때 상대방 무릎이 접혀져야 한다.

64-1 오른발 전진하면서 양 팔로(오른팔은 위, 왼팔은 아래로) 하퇴부를 막는다.

64-2 막은 후 왼 팔굽에 상대방의 하퇴부를 끼워 잡고, 오른손은 발뒤꿈치를 잡는다.

TIP 이때 상대방 발목이 나의 왼쪽 상완에 걸쳐진다.

64-3 이어서 왼발이 나가며, 잡은 다리를 아래로 구부리면서 발목을 꺾어 누른다.

65-1 오른발 전진하면서 양 팔로(오른팔은 위, 왼팔은 아래로) 대퇴부 아래쪽을 막고,

65-2 왼 팔굽에 상대방 오금을 끼워 잡는다.

65-3 이어서 왼발이 왼쪽으로 나가면서

65-4 오른발로 상대방 뒤꿈치 하단을 차돌리기 한다.

TIP 이때 오른손으로 상대방 멱살을 잡고, 뒤꿈치 차돌리기 해도 된다.

66-1 오른발 전진하면서 양 팔로(오른팔은 위, 왼팔은 아래로) 대퇴부 아래쪽을 막고,

66-2 왼팔굽에 상대방 오금을 끼워 잡는다.

66-3 이어서 왼발이 나가며 오른손으로 상대방 오른 뒷덜미를 잡아당기면서

66-4 오른발로 안다리 차넣기 한다.

TIP 상대방 신장이 클 경우에는 뒷덜미 대신에 멱살을 잡아당겨도 된다.

67-1 왼발이 왼쪽으로 나가면서 양 팔로(왼팔은 위, 오른팔은 아래로) 하퇴부를 막고,

67-2 오른 팔굽에 상대방 오금을 끼워 잡는다.

67-3 이어서 오른발이 오른쪽으로 나가며 왼손으로 오른쪽 뒷덜미를 잡아당기면서,

67-4 왼발로 상대방 왼발 뒤꿈치를 찬다.

(뒤꿈치 차 돌려 걸어 던지기)

68-1 오른발이 오른쪽으로 나가면서 양 팔로(오른팔은 위, 왼팔은 아래로) 하퇴부를 막고,

68-2 왼 팔굽 안에 상대방 오금을 끼워 잡고,

68-3 오른손으로 상대방 무릎을 잡은 후, 왼손으로 겹쳐 잡는다.

TIP 이때 나의 왼손이 위로 가도록 겹쳐 잡는다.

68-4 이어서 왼발이 뒤로 돌면서,

68-5 오른발로 상대방 왼발 뒤꿈치를 차 돌려 걸어 던진다.

TIP 상대방 뒤꿈치를 차 돌리지 않고, 오른발로 뒤꿈치를 걸고 그대로 상대방 쪽으로 주저앉으면서 넘겨도 된다.

제11장

방검술 12수

69-1 흉기로 공격할 때

69-2 오른발 전진하며 양 손 X자로(오른손 위, 왼손 아래로) 막는다.

TIP 막을 때 몸이 뒤로 빠져야 부상을 방지할 수 있다.

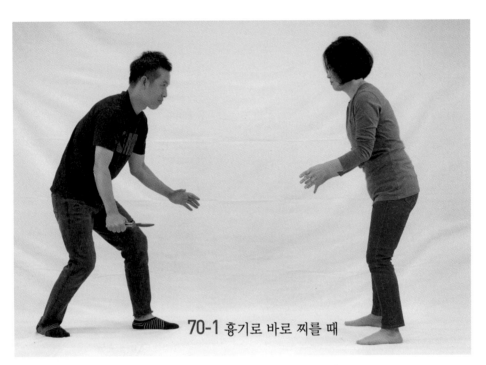

70-1 흉기로 바로 찌를 때

70-2 오른발이 오른쪽으로 나가면서 양 수도(손날)로 막는다.

TIP 상반신을 전진하는 발 방향(오른쪽)으로 틀어야 흉기 찔림을 막을 수 있다.

70-3 막는 동시에 왼손으로 상대방 손목을 잡고,

70-4 오른 수도(손날)로 목을 친다.

흉기로 바로 찌를 때 치기 2

(역수도로 인중/관자놀이 치기)

71-1 흉기로 바로 찌를 때

71-2 왼발이 왼쪽으로 나가면서 왼 척골부로 막고,

TIP 상반신을 전진하는 발 방향(왼쪽)으로 틀어야 흉기 찔림을 막을 수 있다.

71-3 오른 역수도로 상대방의 인중이나,

TIP 역수도로 칠 때에는 오른손 엄지를 손바닥 안으로 구부려서 붙여야 엄지손가락 부상을 막을 수 있다.

71-4 관자놀이를 친다.

(팔굽 관절 꺾어 누르기)

72-1 흉기로 복부를
바로 찌를 때

72-2 뒷모습

72-2 왼발이 왼쪽으로 나가면서 왼 척골부로 막고,

TIP 상반신을 전진하는 발 방향(왼쪽)으로 틀어야 흉기 찔림을 막을 수 있다.

72-3 오른손으로 밖에서 상대방 오른 팔꿈치를 잡아당긴다.

72-4 이어서 왼손을 상대방 팔 아래에서 위로 돌려

72-5 오른손등 위에 겹쳐 잡고,

TIP 이때 상대방 팔이 나의 왼 팔굽 안에 끼워진다.

72-6 오른발이 뒤로 빠지면서 오른 무릎 꿇어 앉으며 팔굽 관절을 꺾어 누른다.

72-6 뒷모습

TIP 자세를 낮추어 팔굽 관절을 꺾어 눌러도 된다.

(안다리 차 넣어 넘기기)

73-1 흉기로 복부를 바로 찌를 때

73-2 왼발이 왼쪽으로 나가면서 왼 수도(손날)로 상대방의 손목을 막고,

TIP 상반신을 전진하는 발 방향(왼쪽)으로 틀어야 흉기 찔림을 막을 수 있다.

73-3 막은 왼 손을 밖으로 틀어

73-4 상대방 손(목)을 잡는다.

TIP 나의 손 엄지를 상대방 쪽으로 회전시켜 엄지가 손 등부분을, 4손가락은 안손 목 부분 또는 수도안쪽을 잡는다.

73-5 이어서 오른손으로 상대방 뒷목을 잡아당기면서, 잡은 손을 상대방 등 뒤로 45° 밀어 올려 틀어준다.

TIP 이때 상대방 몸이 자연스럽게 왼쪽으로 돌아간다.

73-6 동시에 오른발로 상대방 오른발 안다리를 차 넣어 넘긴다.

TIP 1 오른손으로 뒷목을 잡아당기며 잡은 손을 상 대방 등 뒤로 45° 밀어 올려 틀어준 상태(73-5)에서

오른발이 뒤로 돌아도 된다.(나의 오른발이 뒤로 돌 면, 상대방이 자연스럽게 오른쪽으로 회전하면서 중 심을 잃게 된다.)

TIP 2 오른손으로 뒷목을 잡아당기며 잡은 손을
상대방 등 뒤로 45° 밀어 올려 틀어준 상태(73-
5)에서

오른 무릎으로 명치차기도 가능하다.

(오금 밟아 눌러 꺾기)

74-1 흉기로 복부를 바로 찌를 때

74-2 왼발이 왼쪽으로 나가면서 왼 척골부로 상대방 손목을 막고,

TIP 상반신을 전진하는 발 방향(왼쪽)으로 틀어야 흉기 찔림을 막을 수 있다.

74-3 막은 손 4손가락이 상대방 엄지 안쪽을 잡고, 엄지는 손등을 잡는다.

74-4 이어서 오른손도 함께 상대방 손등을 잡고

74-5 왼쪽으로 틀어서 손목을 꺾으면서,

TIP 잡은 손 모습

74-6 오른발로 상대방 오른 오금을 밟아 누른다.

74-6 뒷모습

(손목 꺾어 허벅지/복부 찌르기)

75-1 흉기로 복부를
바로 찌를 때

75-2 오른발이 약간 나가면서 양 손으로 상대방의 손목을 위에서 아래로 잡는다.

TIP 막을 때 몸이 뒤로 빠져야 부상을 방지할 수 있다.

75-3 이어서 왼발이 뒤로
(왼쪽으로)

75-4 돌며 잡은 팔을 머리
위로 넘기면서

75-5 오른 무릎 꿇으며 상대방 손목을 꺾는다.

75-6 손목을 꺾는 동시에 흉기로 상대방 허벅지 또는 복부를 찌른다.

75-6 뒷모습

76-1 흉기로 바로 찌를 때

76-2 오른발이 오른쪽으로 나가면서 양 수도(손날)로 막고,

TIP 상반신을 전진하는 발 방향(오른쪽)으로 틀어야 흉기 찔림을 막을 수 있다.

76-3 왼손으로 상대방 손목을 잡는다.

76-4 이어서 오른 팔굽 안에 상대방 상완부를 끼워 꺾고,

76-5 왼발이 왼쪽으로(뒤로) 회전하면서

76-5 뒷모습

76-6 업어치기 한다.

77 흉기를 안으로(우→좌로) 찌를 때

(명치/안면 차올리기)

77-1 흉기를 안으로(우→좌로) 찌를 때

77-2 오른발이 오른쪽으로 나가면서 왼 척골부로 막는다.

TIP 상반신을 전진하는 발 방향(오른쪽)으로 틀어야 흉기 찔림을 막을 수 있다.

77-3 막은 후 왼손으로 상
대방 손목을 잡고,

77-4 오른손은 상대방 오
른쪽 뒷덜미를 잡는다.

77-5 이어서 왼발이 상대방 오른발 옆으로 나가면서

77-6 잡은 손목은 뒤로 밀어 올리고, 뒷덜미는 앞으로 당긴다.

77-7 동시에 오른 무릎으로

명치를 차올리기 한다.

77-7 뒷모습

77-8 또는 안면을 차올리기 한다.

77-8 뒷모습

78-1 흉기를 밖으로(좌→
우로) 찌를 때

78-2 왼발이 왼쪽으로 나
가면서 왼 척골부로 상완
뒷부분을 막고,

TIP 상반신을 전진하는 발
방향(왼쪽)으로 틀어야 흉
기 찔림을 막을 수 있다.

78-3 오른손은 바깥쪽에서 상대방 손목을 잡는다.

78-4 이어서 왼발이 나의 오른발과 상대방 오른발 사이로 들어가면서 왼 척골로 상완부에 칼 넣기 한다.

79 흉기를 밖으로(좌→우로) 찌를 때 2

(허리띠 잡아 던지기)

79-1 흉기를 밖으로(좌→우로) 찌를 때

79-2 왼발이 왼쪽으로 나가면서 왼 척골로 상완(부) 뒷부분을 막고,

TIP 상반신을 전진하는 발 방향(왼쪽)으로 틀어야 흉기 찔림을 막을 수 있다.

79-3 오른손은 바깥쪽에서 상대방 손목을 잡는다.

79-4 손목을 잡은 상태에서 오른발이 우회전하면서(뒤로 돌면서), 왼손으로 상대방 배꼽부분 허리띠를 잡아서

79-5 던진다.

TIP 던질 때 서로 엉덩이가 맞닿도록 해야, 던질 때 힘을 분산시킬 수 있다.

80-1 흉기를 위에서 내려
찍을 때

80-2 왼발 전진하며 왼팔
ㄱ자로 왼 척골부로 올려
막는다.

80-3 이어서 오른팔 요골부로 상대방 수삼리를 치면서 팔을 감아,

80-4 나의 왼팔 열결 부분을 잡는다.

TIP 잡은 손 모습 1

TIP 잡은 손 모습 2

80-5 동시에 오른발로 상대방 오른 오금을 눌러 꺾는다.

제12장

낙법

낙법은 넘어질 때(낙상시) 신체의 부상방지 및 신체를
보호하기 위한 안전한 착지방법이다. 낙법에는 전방
낙법, 후방 낙법, 좌측방 낙법, 우측방 낙법 등이 있다.
낙법 동작에는 숙련정도에 따라서 앉아서, 쪼그리고
앉아서, 기마자세에서, 서서하는 단계가 있다.
낮은 자세에서 높은 동작으로 갈수록 숙련도가 필요
하며 고난도 동작에 해당한다.

01 전방 낙법 (쪼그리고 앉아서)

전방 낙법은 앞으로 넘어질 때 신체 전면이 받을 충격을 양 팔과 양 다리로
분산시켜서 얼굴과 가슴을 보호하는 동작이다.

1-1 쪼그리고 앉아서 양 손을 45° 정도로 펴서 무릎 위에 둔다.

1-2 장저(손바닥)에 힘을 주고 무릎을 꿇는다.

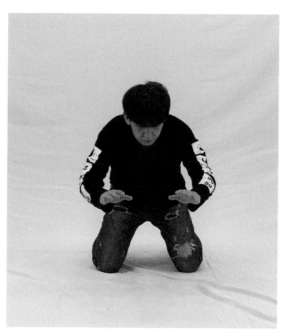

1-3 몸을 앞으로 기울이면서 착지할 지점을 본다.

1-4 얼굴을 오른쪽으로 돌리면서 양 장저(손바닥)로 바닥을 친다.

TIP 얼굴을 왼쪽이나 오른쪽으로 돌려야 안면을 보호할 수 있다.

후방 낙법 (쪼그리고 앉아서)

후방 낙법은 뒤로 넘어질 때 양 팔에 충격을 흡수하여 신체의 후면과
머리를 보호하는 동작이다.

2-1 양 팔을 45° 정도로 펴
고 쪼그리고 앉는다.

2-2 양 팔을 들어 올리며
엉덩이를 바닥에 붙인다.

2-3 턱을 당겨 머리를 앞으로 숙이면서, 양 팔을 45° 정도로 펴서 바닥을 치며
뒤로 눕는다.

TIP 머리부상을 방지하기 위해서는 턱을 당겨 머리를 앞으로 숙여야 한다.

좌측방 낙법 (쪼그리고 앉아서)

좌측방 낙법은 왼쪽으로 넘어질 때 받는 충격을 왼팔과 왼쪽 다리로
분산하여 머리와 신체의 좌측면을 보호하는 동작이다.

3-1 쪼그리고 앉은 상태에
서 왼팔과 왼다리를 오른쪽
으로 45° 정도로 펴준다.

3-2 턱을 당겨 머리를 앞
으로 숙이고 왼쪽으로 누우
면서,

TIP 시선은 배꼽 쪽을 보
고, 오른손은 복부부위에
얹는다.

3-3 왼팔과 왼다리를 들었다가 동시에 바닥을 내리친다.

TIP 왼팔은 몸과 45° 정도로 거리를 유지 하는 것이 좋으며, 머리를 들어야 머리부상을 방지할 수 있다.

04 우측방 낙법 (쪼그리고 앉아서)

우측방 낙법은 오른쪽으로 넘어질 때 받는 충격을 오른팔과 오른쪽
다리로 분산하여 머리와 신체의 우측면을 보호하는 동작이다.

4-1 쪼그리고 앉은 상태에
서 오른팔과 오른다리를 왼
쪽으로 45° 정도로 펴준다.

4-2 턱을 당겨 머리를 앞으
로 숙이고 오른쪽으로 누우
면서,

TIP 시선은 배꼽 쪽을 보
고, 왼손은 복부부위에 얹
는다.

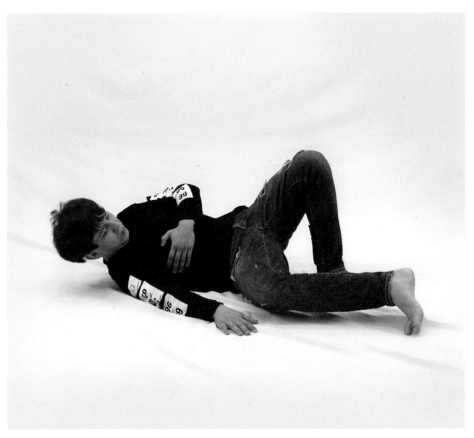

4-3 오른팔과 오른다리를 들었다가 동시에 바닥을 내리친다.

TIP 오른팔은 몸과 45° 정도로 거리를 유지하는 것이 좋으며, 머리를 들어야 머리부상을 방지할 수 있다.

호신술 3

2021년 9월 9일 1판 1쇄 발행

저 자 | 김태영
펴낸곳 | 도서출판 등
펴낸이 | 유정숙
관 리 | 류권호
편 집 | 김은미, 유수복

시연자 | 김태영, 손귀동, 율다세프 더스턴벡(Yuldashev Dostonbek)

ⓒ 김태영 2021

주 소 · 서울시 노원구 덕릉로 127길 101-8
전 화 · 02.3391.7733
홈페이지 · dngbooks.co.kr/밝은.com
이메일 · socs25@hanmail.net

정 가 · 27,000원

＊잘못된 책은 바꾸어 드립니다.